André Brüggenthies

Das "Rote Wien" - "Sozialisierung von unten"

GRIN Verlag

Bibliografische Information der Deutschen Nationalbibliothek:

Die Deutsche Bibliothek verzeichnet diese Publikation in der Deutschen National-
bibliografie; detaillierte bibliografische Daten sind im Internet über http://dnb.d-
nb.de/ abrufbar.

Impressum:

Copyright © 2008 GRIN Verlag, Open Publishing GmbH
Druck und Bindung: Books on Demand GmbH, Norderstedt Germany
ISBN: 978-3-640-94441-5

Dieses Buch bei GRIN:

http://www.grin.com/de/e-book/173982/das-rote-wien-sozialisierung-von-unten

GRIN - Your knowledge has value

Der GRIN Verlag publiziert seit 1998 wissenschaftliche Arbeiten von Studenten, Hochschullehrern und anderen Akademikern als eBook und gedrucktes Buch. Die Verlagswebsite www.grin.com ist die ideale Plattform zur Veröffentlichung von Hausarbeiten, Abschlussarbeiten, wissenschaftlichen Aufsätzen, Dissertationen und Fachbüchern.

Besuchen Sie uns im Internet:

http://www.grin.com/

http://www.facebook.com/grincom

http://www.twitter.com/grin_com

Fachhochschule Bielefeld

Fachbereich Sozialwesen

Studiengang: Sozialarbeit

Seminar: Zivilgesellschaft, Sozialökonomie und Empowerment

Referent: André Brüggenthies

Semester: Wintersemester 08/09

Das „rote Wien" – „Sozialisierung von unten"

Inhaltsverzeichnis

1. Das „rote Wien" – Eckdaten der Reformbewegung

Die Bezeichnung des „roten Wiens" beschreibt die Jahre Wiens nach Ende des
1. Weltkrieges unter der Regierung der Sozialdemokratischen Arbeiterpartei (SDAP).
War Wien bis 1921 noch Hauptstadt des Bundeslandes Niederösterreich, das von
einer schwarz-roten Koalition regiert wurde, kam es in dieser großen Koalition jedoch
immer wieder zu inhaltlichen Auseinandersetzungen, und auch in der Bevölkerung fand
die Koalition wenig Rückhalt. So fand sich in großen Teilen Niederösterreichs eine eher
konservative Wählerschaft, die sich nicht in der vor allem in Wien verankerten Sozialdemokratie wiederfand. Auf gemeinsamen Antrag der sowohl konservativ christlich
sozialen Partei und der SDAP kam es zu einer Verfassungsänderung, mit deren
Inkrafttreten zum 1. Januar 1922 Wien eigenständiges Bundesland wurde. Durch diese
Änderung war die sozialdemokratische Regierung Wiens nun in der Lage, u.a. eigene
Gesetze zu beschließen, was für die spätere Reformbewegung von enormer
Wichtigkeit sein sollte. So wurden unter der Sozialdemokratischen Regierung u.a.
folgende Gesetze und Reformen verabschiedet:

Die Wohnbausteuer, welche 1923 verabschiedet wurde und progressiv veranschlagt
war. Diese Steuer war von allen Eigentümern vermietbarer Immobilien zu entrichten.
Die progressive Staffelung hatte zur Folge, dass die teuersten 0,5% der vermieteten
Objekte 44,5% des gesamten Steueraufkommens einbrachten. Dadurch wurde
privaten Immobilienbesitzern eine Ausbeutung der Mieter nahezu unmöglich. Folge
daraus war, dass private Wohnungsbauten deutlich zurückgingen, was wiederum die
Preise von Baugrundstücken deutlich senkte.

Dies ermöglichte der Gemeinde Wien den Erwerb großer Flächen Baugrund, was
wichtig war, um den kommunalen Wohnungsbau voranzutreiben.

Die Wohnbaureform, im Rahmen des Kommunalen oder auch Gemeinde-
wohnungsbau. Anfang 1900 waren vor allem im Industrie- und Arbeiterviertel Wiens
3/4 aller Wohnungen überbelegt. Die von der Regierung geplanten und geschaffenen
sogenannten „Superblocks", 382 Blocks bis 1934 boten Platz für rund 65.000 neue
Wohnungen. Diese waren zumeist nicht sehr groß und bewegten sich in Bereichen von
40-60m², diese Zahl beschrieb zumeist die reine Wohnfläche. Zwar wurde die Idee,
nahezu alle Wirtschaftseinrichtungen eines Haushaltes in Gemeinschaftseinrichtungen

zu verwandeln, nicht immer realisiert, so blieb es bei einem einmaligen Bau eines solchen „Superblocks", in dem man die Küchen aus den einzelnen Wohnungen auslagerte und durch Gemeinschaftsküchen ersetzte, gemeinsam hatten aber fast alle der neu geschaffenen Gemeindebauten „integrierte, kollektiv nutzbare Gemein-schaftseinrichtungen wie zentrale Waschhäuser, Kindergärten, Beratungsstellen für Mütter, Volksbibliotheken, Veranstaltungs- und Versammlungsräume, Werkstätten und Geschäftslokale der Konsumgenossenschaften"[1].

Die Schulreform, die 1922 realisiert wurde und die sich im wesentlichen auf folgende drei Pfeiler stützte:

- Demokratisierung der Schulverwaltung (Einrichtung von Lehrerkammern und Elternvereinen).

- Vereinheitlichung der Schule im Mittelstufenbereich (gemeinsame Mittelstufe der 10- bis 14jährigen, Einheitsschule).

- Innere Schulreform mit den Prinzipien des Arbeitsunterrichts und einer Neuordnung der Unterrichtsstoffe.

Über diese Schulreform sagte deren Mitbegründer Otto Renner: *"Eine neue Schulorganisation ist entstanden, das innere Wesen der Schule hat sich von Grund auf geändert. Das ist das Werk der Sozialdemokraten, die in Wien 1919 zur Herrschaft gelangten".* In der Sorge um die Jugend, in der Erkenntnis, dass die Demokratie sich erst dann voll entfalten kann, wenn das Volk eine möglichst demokratische Ausbildung genossen hat, ging die Gemeinde planmäßig und wohlüberlegt vor. Solange die Sozialdemokraten in der Bundesregierung saßen, waren von dort Anregungen zum Schul umbau ausgegangen[2].

---

[1] http://www.dasrotewien.at/kommunaler-wohnbau.html

[2] http://www.dasrotewien.at/wiener-schulreform.html

2. Die drei Säulen der Arbeiterbewegung

Im Rückblick auf die Zeit von 1918 bis 1934 wird - von Klaus Novy - von einer „Sozialisierung von unten" gesprochen. Viel mehr als bloße, von der Regierung vorgegebene Reformen, waren die Reformen der Sozialdemokratischen Regierung Wiens zu einer regelrechten Bewegung geworden, die im Wien dieser Zeit vor allem von der Arbeiterbewegung getragen und verbreitet wurde. Zu den drei tragenden Säulen dieser Bewegung wurden seinerzeit gezählt:

Die Partei und ihr nahe stehende Vereine

Die Gewerkschaftsorganisationen

Die Konsumgenossenschaften

2.1. Die Partei und ihr nahe stehende Organisationen und Vereine

Betrachtet man rückblickend das Verbot der Sozialdemokratie in Gesamt Österreich nach Ende des Bürgerkriegs von 1934 und das einhergehende Verbot von rd. 1.500 der SDAP nahe stehenden Vereine wird deutlich, dass die Zugehörigkeit zur Sozialdemokratie und ihr nahe stehenden Organisationen weit über ein bloßes politisches Interesse hinausging. Unter den verbotenen Vereinen fanden sich u.a. die „Sozialdemokratische Kunststelle mit rund 40.000 Mitgliedern (alleine in Wien), die Naturfreunde 1930, 96.000 Mitglieder in Gesamtösterreich zählend, oder der Arbeiterbund für Sport und Körperkultur kurz ASKÖ, der in ganz Österreich rd. 200.000 Mitglieder hatte. Darin, dass alle diese Vereine und Organisationen sich in den Grundgedanken von Selbstbestimmung und Gestaltung, von Emanzipation und Partizipation, von Gesellschaft und Gemeinsinn wiederfanden und politisch unter dem Dach der Sozialdemokratie zusammenschlossen und vereinten, verdeutlicht, dass die Sozialdemokratie dieser Zeit mehr als nur das politische Denken und Handeln bestimmte.

Auch auf direkter Parteiebene zählte man im Wien dieser Zeit rd. 20.000 Männer und Frauen, die sich politisch in direktem Zusammenhang zur SDAP engagierten.

2.2. Gewerkschaftsorganisationen

Wie auch unter Punkt 2.1. soll hier nur kurz auf die in Wien seinerzeit herrschenden Gewerkschaften eingegangen werden. Deutlich soll dadurch aber werden, in welchem Maße auch die Gewerkschaften daran beteiligt waren, sozialdemokratische Ideen weiterzuverbreiten.

Zu den bereits 20.000 politisch aktiven Männern und Frauen kamen ca. ebenso viele, die sich in den, der Sozialdemokratie nahe stehenden „freien Gewerkschaften" organisierten. „40.000 Männer und Frauen", so zitiert Klaus Novy den Mitbegründer des „Verbandes der sozialdemokratischen Studenten und Akademiker" Otto Leichter zu jener Zeit „40.000....von denen jeder beseelt und geadelt war, durch die Selbstaufopferung armer, von Lohndruck und Arbeitslosigkeit geplagter Menschen, die ihr ganzes Denken und Fühlen in den Dienst sozialistischer Aufbauarbeit stellten..."[3]

Den „freien Gewerkschaften" die sich zur Sozialdemokratie bekannten oder auf sie beriefen, standen auf Bundesebene die sogenannten christlichen oder deutschnationalen Gewerkschaften gegenüber. Zählte man 1928 bundesweit rd. 650.000 Mitglieder in den „freien Gewerkschaften", standen diesen aber nur rd. 110.000 Mitglieder in den anderen genannten Gewerkschaftsorganisationen gegenüber.

---

[3] Klaus Novy: „Sozialisierung von unten", in Schwendter (Hrsg.): „Die Mühen der Ebene: Grundlegungen zur alternativen Ökonomie", Band 2, Steinheim, 1986

2.3 Die Konsumgenossenschaften

Obgleich es die ersten Genossenschaften in Österreich, wie auch in Wien selbst, bereits vor den Zeiten Sozialdemokratischer Regierung in Wien gab, waren es noch 1873 lediglich 540 zumeist kleine und finanzschwache Genossenschaften, die zudem noch schlecht organisiert und „noch kein Instrument der Sozialdemokratie"[4] waren.

Erst 1904 wurden sie auf einem Parteitag der SDAP in Prag offiziell anerkannt und mit der offiziellen Erklärung verabschiedet: „….*es als die Pflicht aller von Arbeitern geleiteten Konsumvereine, dem Verband der Arbeiter-, Erwerbs- und Wirtschaftsgenossenschaften beizutreten und dessen Bestrebung zur Zentralisierung zu unterstützen...."* (ebd.).* So hatten sich bereits in diesem Jahr 284 kleinere Gewerkschaften unter dem Dach des „Zentralverbandes Österreichischer Konsumvereine" mit rund 100.000 Mitgliedern zusammengeschlossen.

In Wien selber, in den Jahren zwischen 1918-1934 gab es nur noch eine Konsumgenossenschaft, die „Sozialdemokratische Konsumgenossenschaft Wiens" (vgl. Novy K.). Ging es dabei zunächst, wie bei anderen Genossenschaften auf Bundesebene auch um die üblichen Vorteile, wie die Risikoverminderung einzelner Arbeiter und Handwerker, profitierte man von den gleichen Vorteilen wie große Unternehmen im Kapitalismus (Großeinkauf, verbesserte Qualitätskontrolle, u.a.). War die Grundidee der Wiener Konsumgenossenschaft somit der aller Genossenschaften gleich, reichte ihr Einfluss doch weiter in die Gesellschaft hinein. Um dies zu verdeutlichen, zitiert Klaus Novy aus einer zeitgenössischen Schrift wie folgt: *„Im Zeitalter der Demokratie wird nur jene Organisation sich durchzusetzen vermögen, die wirklich im Volke verankert ist....*"[5].

Wie dies gelingen konnte, kann vielleicht das Beispiel der sog. „Propagandaabteilung" der Wiener Konsumgenossenschaft verdeutlichen. Diese war ehrenamtlich aufgestellt und versuchte über die Organisation verschiedenster öffentlicher Veranstaltungen, von Film- und Lichtbildvorträgen, Kaffeekränzchen bis hin zur Kochschulungen, die Idee der Genossenschaftsbewegung zu verbreiten, dabei aber immer auch Kritik

---

[4] http://www.dasrotewien.at/konsumgenossenschaften.html

[5] Klaus Novy: „Sozialisierung von unten", in Schwendter (Hrsg.): „Die Mühen der Ebene: Grundlegungen zur alternativen Ökonomie", Band 2, Steinheim, 1986

aufzunehmen und zu sammeln. Es ging bei diesem Wiener Modell vor allem um eine veränderte Sichtweise der Konsumenten. Ging es hier doch nicht länger nur darum, Waren an den Mann oder die Frau zu bringen, vielmehr ging es darum, die Idee einer verbesserten Gesellschaft, eine Ideologie zu verkaufen. Gleichzeitig wurden die Menschen nicht mehr nur als Konsumenten betrachtet, also als Individuen, die den Markt lediglich zur Befriedigung ihrer materiellen Bedürfnisse besuchen. Novy lässt sich dazu mit den Worten zitieren: *„Die Gemeinschaft „siegt" nicht unbedingt, weil sie billiger ist. [....] Ein konsumgenossenschaftliches Produkt ist also für den „Genossen" konkurrenzlos (in gewissen Grenzen), weil es ein Kupplerprodukt ist. Indem er es kauft, fördert er eine Lebensweise, eine Lebensperspektive"* (vgl. Novy K.).

3. Fazit

Betrachtet man die Zeit in Wien von 1918-1934, wird aus den dem Referat zugrunde liegenden Quellen deutlich, dass die Reformen, die während dieser Zeit beschlossen und angestoßen wurden, vor allem dadurch gelingen konnten, dass sie in weiten Teilen der Bevölkerung, wenn auch nicht immer und in vollem Umfang, auf Akzeptanz trafen. Erreicht wurde diese Akzeptanz meiner Meinung nach vor allem durch die Partizipation der Bevölkerung an und durch diese Reformen in verschiedensten gesellschaftlichen Bereichen. Angefangen von der verbesserten Wohnsituation für die Arbeiterschaft, der Einführung der Mitbestimmung durch Betriebsräte über diverse in diesem Referat nicht näher beschriebene Sozialreformen, die Bildungsreform, etc. Es ging der Sozialdemokratie vor allem darum, die Reformen in der Gesellschaft zu verankern, statt sie von oben herab zu verordnen. So waren die Veränderungen für jeden erlebbar und spürbar.

Gleichwohl die dem Referat zugrunde liegenden Quellen mit kritischen Tönen eher sparen, sieht Klaus Novy jedoch auch Grenzen bzw. Problemstellungen, die auch die Wiener Reformbewegung hier und da nicht verleugnen konnte. Deutlich gemacht wird dies am Beispiel des „Heimhofs". Hierbei handelte es sich um einen der zuvor schon beschriebenen „Superbocks", jedoch war man bei diesem Projekt noch einen Schritt weitergegangen und hatte die Küchen aus den Wohnbereichen ausgelagert und durch Zentralküchen ersetzt. Novy weist darauf hin „ .... *die Radikalität dieser Alltagsver-änderungen die Bevölkerung überforderte*"[6]. Dies soll deutlich machen, dass, selbst wenn Teile dieser Idee aus wirtschaftlicher Sicht oder aus Sicht der Planer durchaus sinnvoll erschienen, sie nur dann Erfolge verzeichnen konnten, wenn sie auch von den Mietern als subjektiv sinnvoll wahrgenommen wurden.

---

[6] Klaus Novy: „Sozialisierung von unten", in Schwendter (Hrsg.): „Die Mühen der Ebene: Grundlegungen zur alternativen Ökonomie", Band 2, Steinheim, 1986